HO CHI MINH

El padre de la nación vietnamita

Por Pierre Mettra
Traducido por Marina Martín Serra

Historia en50MINUTOS.es

HO CHI MINH

- **¿Nacimiento?** Probablemente el 19 de mayo de 1890 en Hoang Tru (Vietnam).
- **¿Muerte?** El 2 de septiembre de 1969 en Hanói (Vietnam).
- **¿Función?** Es el primer presidente de la República Democrática de Vietnam.
- **¿Principales aportaciones?**
    - La creación del Partido Comunista de Vietnam.
    - La fundación del Vietminh, el frente revolucionario para la independencia de Vietnam.
    - Su lucha para reunificar Vietnam.

En Vietnam, el tío Ho, como se le apoda a menudo, es más que un personaje político y que un actor de la historia contemporánea. Considerado el padre de la nación, goza de un prestigio inmenso, visible sobre todo a través del imponente mausoleo que el régimen le ha dedicado en la plaza Ba Dinh en Hanói. Asimismo, la antigua capital de Vietnam del Sur, Saigón, fue rebautizada con su nombre en 1975.

Artífice de la independencia vietnamita, comunista convencido y hombre de letras carismático, Ho Chi Minh deja huella por su obstinación y por la singularidad de su pensamiento. Pero su retrato no es unívoco, porque también es el líder de una dictadura comunista, un aliado de la URSS de Stalin (1878/1879-1953) y un teórico del marxismo-leninismo autoritario.

Pero lo que plantea muchos interrogantes es, sobre todo, la

mezcla teórica en la que se basa su ideología. Nacionalista interesado, sobre todo, por la liberación de su país de la dominación colonial, ve esta emancipación como un asunto que implica a todos los vietnamitas, sin importar su clase social. Como partidario de la revolución mundial, sin embargo, participa en la elaboración de las dinámicas del comunismo de la Guerra Fría, que aboga por la lucha de clases y la dictadura del proletariado. Así pues, Ho Chi Minh resulta más difícil de entender de lo que parece. No obstante, sigue siendo una de las personalidades con mayor impacto en la historia política del siglo XX.

BIOGRAFÍA

DE LA INDOCHINA FRANCESA AL RESTO DEL MUNDO

Ho Chi Minh —cuyo nombre real es Nguyen Sinh Cung— nace en 1890 en el pueblo de Hoang Tru. Sus padres proceden de familias de terratenientes. Su madre trabaja en el campo, mientras que su padre, Nguyen Sinh Sac (1862-1929), se prepara para pasar las oposiciones de la administración imperial bajo dominación francesa. En este contexto, el futuro Ho Chi Minh evoluciona en un rico entorno cultural y asiste a escuelas francesas y anamitas. Puede dibujar caracteres chinos y domina la escritura del vietnamita en letras latinas, el *quốc ng*□. Siguiendo la tradición de su país, a los diez años adopta el nombre de Nguyen Tat Thanh, que significa «Nguyen grandes esperanzas».

Unos años después, establece contactos con algunos intelectuales de su país que entonces alimentan una reflexión sobre el dominio francés de Indochina. Es receptivo a los argumentos de los reformistas, que creen en la mejora gradual de Indochina bajo los auspicios franceses. En 1911, viaja a Francia con la intención de entrar en la escuela colonial, institución que proporciona la formación del personal administrativo de las colonias, pero su candidatura es rechazada. Entonces, Nguyen Tat Thanh se alista como marino y viaja extensamente por todo el mundo, desde 1914 hasta 1919, antes de volver a Francia.

Allí, se une a una red de nacionalistas indochinos, supervisada por los servicios de seguridad, situados en la calle Gobelins en París. En este momento, sus reflexiones acerca de la emancipación de Indochina lo conducen hacia una nueva corriente de pensamiento: el comunismo. Es admirador de Lenin (revolucionario y estadista ruso, 1870-1924), y se une al Partido Socialista Francés (SFIO) y luego al Partido Comunista Francés (PCF). Rodeado por un pequeño grupo de personas procedentes de las colonias, es uno de los fundadores, en 1921, del grupo militante de la Unión Intercolonial, dedicado a reflexiones sobre la dominación y las vías de independencia en las colonias francesas. Entonces, adopta el nombre de Nguyen Ai Quoc, que significa «Nguyen el patriota».

EL LLAMAMIENTO DEL COMUNISMO

La vía privilegiada por los reformistas resulta un fracaso frente a un Gobierno francés totalmente cerrado ante la idea de un cuestionamiento del modelo de dominación colonial que ha establecido. La revolución, tal como la defiende el marxismo-leninismo, parece entonces la vía más prometedora, a ojos de Nguyen Ai Quoc.

EL MARXISMO-LENINISMO

En su teoría política, el economista e intelectual Karl Marx (1818-1883) critica el capitalismo que describe como una sociedad de clases, dominada por la burguesía a expensas del proletariado. Según él, los trabajadores deben luchar por una sociedad sin clases, revocando la hegemonía de la burguesía y llevando a cabo de este modo un derrocamiento político que les permita tomar el poder. De acuerdo con Lenin, que realiza una lectura personal de Marx, este derrocamiento solo puede ser posible bajo la supervisión de un partido fuertemente jerarquizado, compuesto por revolucionarios profesionales capaces de liderar a los trabajadores que no son conscientes del papel que desempeñan en la lucha de clases. Aboga por el establecimiento de una dictadura del proletariado, que es como se llama a la fase transitoria del socialismo, que lleve a una sociedad sin clases. El marxismo-leninismo es el movimiento ideológico dominante dentro del comunismo del siglo XX, al que pertenecen el maoísmo y el pensamiento de Ho Chi Minh.

En junio de 1923, deja Francia clandestinamente para ir a Moscú, donde entra en la administración soviética y refuerza sus convicciones políticas. En enero de 1925 Nguyen Ai Quoc, que ya es un militante comunista convencido, va a la ciudad de Cantón, en el sur de China, donde establece una red activista vietnamita. Después de haberse acercado a Phan Boi Chau (letrado activista vietnamita, 1867-1940), un firme partidario de una independencia vietnamita, Nguyen Ai Quoc, que también se hace llamar Ly Thuy, se encuentra en el centro de una organización revolucionaria, el Thanh Nien. Una vez se forman sus miembros, estos son enviados de Cantón a Indochina con el fin de constituir células clandestinas.

Buscado por las autoridades francesas, Nguyen Ai Quoc se

refugia en Hong Kong en 1929. Al año siguiente, participa en la fundación del Partido Comunista de Vietnam (PCV). Considerado como sospechoso por los líderes ingleses de Hong Kong, se ve obligado a dejar la ciudad y oculta su huida tras el rumor de su muerte, que se encarga de hacer circular. Vuelve a Rusia, donde el Gobierno de Stalin lo aparta de las decisiones importantes, ya que encuentra extraño que haya podido escapar de las autoridades británicas y francesas; además, ve con malos ojos sus compromisos nacionalistas. La denominación «Partido Comunista de Vietnam», en efecto, le parece demasiado territorial, demasiado individual y con una realidad únicamente para los independentistas vietnamitas. Por eso, se cambia por la de «Partido Comunista Indochino». La situación de ostracismo que vive Nguyen Ai Quoc dura hasta 1938, año en el que viaja a China. Ya solamente está a pocos kilómetros de Vietnam, donde desea volver con ansia.

HACIA LA INDEPENDENCIA

Mientras que los franceses todavía ejercen su dominación sobre Indochina de forma parcial, bajo la atenta vigilancia del ocupante japonés, en el país estallan algunos levantamientos contra la dominación extranjera, de forma difusa, pero sobre todo en la zona norte.

En 1941, Nguyen Ai Quoc cruza la frontera vietnamita y se instala con unos cuantos fieles en la región del Viet Bac, en el norte, que se encuentra cerca del pueblo de Pac Bo. Permanece allí durante varios meses, en una cueva húmeda. Las condiciones de vida ingratas de este maquis no le impiden ejercer su actividad política. Durante la octava sesión del Comité Central del PCI, que precisamente transcurre en Pac Bo, Nguyen Ai Quoc toma la iniciativa de reestructurar la agenda del partido, vinculando la revolución con la liberación nacional. Para llevar a cabo esta tarea de forma efectiva, se crea un frente político liderado por el PCI: el Vietminh. Entonces, Nguyen Ai Quoc adopta el nombre de Ho Chi Minh, que significa «el que ilumina».

Al finalizar la Segunda Guerra Mundial (1939-1945) y después de la retirada de las tropas japonesas, el Vietminh va ganando terreno. Ho Chi Minh aprovecha la situación para proclamar la República Democrática de Vietnam, de la que se convierte en presidente. Sin embargo, esto no impide que Francia espere recuperar el control de Indochina: la confrontación parece inevitable. De 1946 a 1954, el conflicto causa estragos. Francia, incapaz de volver a tomar las riendas en la península, acaba renunciando a sus pretensiones de dominación en 1954. Entonces, el país se divide en dos: Vietnam del Norte y Vietnam del Sur. La joven República Democrática de Vietnam, liderada por Ho Chi Minh, se confina en la parte norte del país. En cuanto a la parte sur del país, se coloca bajo un régimen pretendidamente democrático, presidido por Ngo Dinh Diem (1901-1963), minado por la corrupción y el amiguismo. Los años de guerra convierten a Ho Chi Minh en un verdadero emblema de la lucha norvietnamita, pero su sueño de independencia de un país unificado todavía está lejos de hacerse realidad.

Cuando Ho Chi Minh muere el 2 de septiembre de 1969, la segunda guerra de Indochina (1964-1975) —más comúnmente conocida como guerra de Vietnam, entre Vietnam del Norte y Vietnam del Sur, aliado con los Estados Unidos— asola el país desde hace cinco años. El conflicto no terminará hasta seis años después de su muerte y conducirá directamente a la unificación del país. En homenaje al hombre que es considerado el padre de la nación, la antigua capital de Vietnam del Sur, Saigón, es rebautizada como Ho Chi Minh.

CONTEXTO

LA INDOCHINA FRANCESA

A principios del siglo XIX, el actual Vietnam es un imperio al que los chinos llaman Annam y al que los habitantes de la península indochina llaman Dai Viet. El sistema político imperial descansa sobre una estructura triple, muy influenciada por el modelo chino vecino. En esta, encontramos primero un Estado cuya legitimidad está vinculada con el ejercicio de un mandato celestial, muy burocratizado. La segunda institución capital en el funcionamiento de la administración imperial es el mandarinato, un sistema de selección de los funcionarios. Estos tienen que ser letrados y saberse de memoria los clásicos de Confucio. Se dejan crecer mucho las uñas, manifestando de este modo su desprecio hacia el trabajo físico. El tercer elemento en el que descansa el orden social del Dai Viet es la vinculación con la tierra, con el pueblo y con los ancestros en un país que, en ese momento, es esencialmente campesino. En 1802, la dinastía Nguyen toma el poder. El imperio es rebautizado como Vietnam, literalmente «país de los viet del sur» o Dai Nam.

Al mismo tiempo, en pleno período colonial, las potencias europeas observan con codicia el territorio del Sudeste Asiático, que desean dominar. Además, la creciente industrialización de los países occidentales y el desarrollo de la ideología capitalista que la acompaña empujan a los europeos a querer introducirse en el importante mercado chino. Ante la prohibición del comercio de opio promulgada por la dinastía Qing en contra de algunos países occidentales, el

Reino Unido realiza una primera campaña militar en China (1839-1842), y luego una segunda (1856-1860), con el apoyo esta vez de Francia, Rusia y los Estados Unidos, que presienten la debilidad de China y la posibilidad de apropiarse de sus recursos. Estas guerras del opio tienen consecuencias desastrosas para el Imperio del medio. China se ve obligada a firmar tratados desiguales, a ceder Hong Kong al Reino Unido y a abrir varios de sus puertos a los occidentales, que adquieren una influencia significativa en el orden del país, con los británicos a la cabeza.

Frente al avance inglés en Asia, Francia también quiere asegurarse una posición estratégica en el sur de China. Poco después del final de la segunda guerra del Opio en 1862, el país galo toma Saigón e invade la Conchinchina, en el extremo sur del Dai Nam. En 1863, establece un protectorado sobre Camboya. De 1883 a 1884, la región de Tonkín, situada en la frontera con China, al norte de la península, y la de Trung Bo, en el centro de Vietnam, son conquistadas y anexionadas. Esta última parte del territorio es nombrada Annam por los franceses, que reutilizan un nombre que antes designaba el país en su conjunto. En 1897, después de otro conflicto, Laos se integra también a la fuerza en el conjunto que los franceses forman militarmente. Sus límites son establecidos en 1907, con la adición de territorios en el oeste de Camboya. El territorio que se compone de esta forma adopta el nombre de Unión Indochina Francesa, comúnmente llamado Indochina.

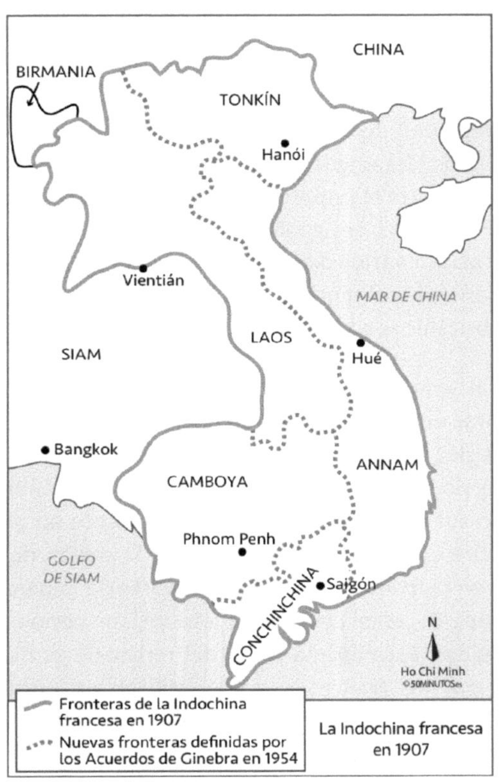

LA VIVACIDAD DEL NACIONALISMO

La dinastía Nguyen se mantiene, así como el sistema del mandarinato. Sin embargo, Francia es la que mueve los hilos, ya que la administración colonial es la que toma todas las decisiones. El emperador es un títere, particularmente porque su país ya no existe. De hecho, para los franceses, ya no se trata de Vietnam: Tonkín, Annam y la Cochinchina se consideran estrictamente distintos.

La autoridad colonial organiza el desarrollo del país con el fin de llevar sus riquezas hacia la metrópoli. Las grandes plantaciones de siringa (árboles que producen un látex necesario para la fabricación de caucho) enriquecen a los inversores franceses, mientras que vietnamitas, laosianos y camboyanos trabajan en ellas en condiciones difíciles a cambio de unos ingresos muy bajos. Un esquema idéntico se aplica en todas las áreas de la producción económica. Esta cuasi esclavitud se apoya en el discurso infantilizador clásico de la colonización, que presenta a los invasores como los promotores de la civilización y a los invadidos como niños grandes irresponsables.

Las quimeras de la colonización francesa esconden realidades complejas que, aunque son ignoradas por los colonizadores, son muy reales. Aunque Vietnam ya no existe, tras la división del país en tres entidades separadas, las reflexiones sobre la entidad política formada por estos tres territorios se mantienen muy vivas. A principios del siglo XX, aparece un doble nacionalismo en los pensamientos de una serie de intelectuales. La primera forma consiste en un nacionalismo militante, que contempla la oposición armada y la conspiración contra el ocupante como algo necesario para inaugurar un nuevo Estado vietnamita. Esta influencia está particularmente representada por Phan Boi Chau. Otro tipo de nacionalismo, el del reformismo, es expuesto por Phan Chau Trinh (1872-1926), entre otros. Es no violento, aboga por una modernización mediante reformas, por un trabajo de acumulación del conocimiento y por la oportunidad de una descolonización progresiva a través del diálogo político.

Poco a poco, el control francés, ejercido por coacción, se enfrenta a una fuerte resistencia. En 1925 nace el Viet Nam Quoc Dan Dang (VNQDD, Partido Nacionalista del Vietnam), compuesto por un grupo revolucionario socialista clandestino. Este perpetra sobre todo asesinatos de responsables franceses, como el de Alfred Bazin (c. 1890-1929), administrador de siniestra reputación en Indochina, debido a su dureza en la gestión de la oficina general de la Mano de Obra Indochina de la que es responsable, y a la poca atención que le presta a la salud de los trabajadores vietnamitas. Tras el asesinato, los servicios de seguridad franceses persiguen a los miembros de esta organización y llevan a cabo una dura represión. Durante el tiempo que está presente en la zona, Francia reprime con mucha firmeza levantamientos y violencia, como en 1930 en la Conchinchina.

EL NACIMIENTO DEL MUNDO COMUNISTA

En octubre de 1917, el Gobierno provisional establecido en Rusia tras la abdicación del zar Nicolás II (1868-1918) es derrocado por los bolcheviques, miembros del Partido Obrero Socialdemócrata de Rusia, liderado por Lenin. El primer régimen comunista de la historia nace entonces: se trata de la República Socialista Federativa Soviética de Rusia.

Lenin origina una ideología política socialista que pone en el centro de sus preocupaciones la lucha de clases y la dictadura del proletariado. En Rusia, entonces, la burguesía tal como la describió Karl Marx no es muy numerosa. Lenin formula entonces la idea de una revolución que permita servir como detonante, y acelerar el proceso que tiene que conducir al poder absoluto del proletariado. La dictadura obrera, el control político muy severo (con la creación de la Tcheka, la policía política encargada de eliminar a los adversarios) y el estado de revolución permanente son los principales elementos de lo que llamamos marxismo-leninismo.

Desde finales de los años veinte, Iósif Stalin toma las riendas del régimen autoritario después de la muerte de Lenin. Este instaura una dictadura personal y crea la Unión de Repúblicas Socialistas Soviéticas (URSS). Goza de un culto nacional de su personalidad, y hace deportar a los oponentes del régimen —o sospechosos de serlo— a los gulags de Siberia, cuando no son encarcelados o simplemente asesinados. Es difícil estimar con precisión el número de víctimas, pero ascendería a más de 20 millones de personas.

Las pretensiones del comunismo —y, en particular, del marxismo-leninismo— son mundiales. Así pues, los partidarios internacionales de la lucha de clases y de la dictadura del proletariado son presididos por una institución con carácter mundial llamada la Internacional Comunista. Este organismo, formado por altos funcionarios, elabora directrices que transmite a los partidos y a los grupos comunistas del mundo entero. A partir de 1920, mientras que el poder leninista se afirma en Rusia, la participación en la revolución mundial comunista pasa necesariamente por la adhesión a la Tercera Internacional, a la que se llama Komintern. Independiente del poder soviético de Moscú —por lo menos en teoría— en realidad está dirigida por el Partido Comunista Ruso, cuyo programa político enuncia claramente hasta su abrogación en 1947. En esta fecha, otro organismo, aparentemente menos vinculante, toma el relevo de la cooperación del comunismo mundial: la Oficina de Información de los Partidos Comunistas y Obreros, llamada Kominform.

Uno de los grandes proyectos ideológicos del comunismo soviético es la lucha contra el imperialismo. Así, la cuestión colonial forma parte de sus preocupaciones ya que, en este sistema político, constituye una forma de alienación de la que hay que liberarse mediante la revolución. En esta perspectiva, el nacionalismo vietnamita de Phan Boi Chau y el marxismo-leninismo tienen puntos en común, por lo que podría surgir la posibilidad de una alianza. Este sincretismo de ideas es lo que caracteriza, sobre todo, la trayectoria política de Ho Chi Minh.

MOMENTOS CLAVE

UNA ESTANCIA FORMATIVA EN FRANCIA

A finales de verano de 1911, el joven Nguyen Tat Thanh desembarca del navío Van Ba en el que ha efectuado la travesía de Indochina a Francia. Cuando llega a Marsella, se dirige entonces a El Havre, donde es contratado como jardinero en una casa burguesa. Al enterarse de que su candidatura para la escuela colonial ha sido rechazada, vuelve a embarcarse inmediatamente. Trabaja en varios barcos y efectúa una larga serie de viajes, después de la cual se queda un tiempo en la capital inglesa. Durante sus peregrinaciones, observa la vida de las repúblicas occidentales y descubre el lugar subalterno que estas reservan a los inmigrantes y a los individuos que forman parte de los niveles más bajos de la sociedad. De hijo de mandarino, se convierte en proletario, y esta experiencia de desclasificación social no es ajena a su orientación socialista.

Vuelve a Francia en 1919, tras la Primera Guerra Mundial. Se instala en París, donde vuelve a encontrarse con el nacionalista Phan Chau Trinh, con el que había estudiado cuando estaba en Vietnam, y cuyo reformismo entonces representa un modelo para él. Asimismo, conoce al abogado vietnamita nacionalizado francés Phan Van Truong (1876-1933), primer traductor de Karl Marx en escritura latina del vietnamita. Los tres hombres anhelan la independencia de Vietnam, y por ello comparten sus reflexiones. En esta época, Nguyen Tat Thanh cambia de nombre y se convierte en Nguyen Ai Quoc, «Nguyen el patriota». En 1920, se traslada a casa de Phan Van Truong, en la calle Gobelins en París, donde ambos trabajan juntos en la redacción de artículos, algunos de los cuales aparecen publicados en el periódico socialista *L'Humanité*.

El Gobierno francés ve con malos ojos estos cuestionamientos de la situación colonial, y Nguyen Ai Quoc es puesto bajo vigilancia policial. Algunos agentes infiltrados en su entorno facilitan informes detallados sobre la evolución de sus ideas y sobre sus actividades a los servicios de seguridad del Estado. En base a estos testimonios, es posible evaluar el importante cambio ideológico operado en el pensamiento del activista. Se considera, en efecto, que constata la ineficacia de la táctica reformista aproximadamente en 1920. En este momento, Albert Sarraut (1872-1962), entonces ministro de las Colonias, imagina un vasto plan de transformaciones económicas en Indochina con el fin de enriquecer significativamente una Francia debilitada por la Primera Guerra Mundial. Para Nguyen Ai Quoc, es evidente que Francia no tiene la intención de aflojar el cerco en el que tiene a Indochina. Afiliado al Partido Socialista Francés (SFIO) desde 1919, rápidamente se da cuenta de que la cuestión colonial es secundaria para sus miembros.

Al leer la obra que Lenin publica en junio de 1920, *Esbozo inicial de las tesis sobre los problemas nacional y colonial*, Nguyen Ai Quoc se da cuenta de que la única alternativa viable a los lentos intentos de reforma es la revolución, tal como la promueve el bolchevismo que, por su parte, es sensible ante las problemáticas de la colonización. Nguyen Ai Quoc asiste al XVIII Congreso del SFIO, en diciembre de

1920, y milita para una adhesión del partido a la Tercera Internacional Comunista. Tras un voto mayoritariamente a favor, el partido socialista se escinde en dos, a causa de numerosos desacuerdos: la mayor parte de las personas que están presentes ese día —entre ellos, Nguyen Ai Quoc— dejan el SFIO para formar la Sección Francesa de la Internacional Comunista (SFIC), que pronto pasa a llamarse Partido Comunista Francés (PCF).

Nguyen Ai Quoc enseguida se involucra en las actividades de la comisión colonial del PCF. En 1921 forma un grupo independiente junto con ciudadanos procedentes de las colonias: la Unión Intercolonial. Al año siguiente, el círculo publica un periódico, *Le Paria*, cuyos artículos están escritos mayoritariamente por el propio Nguyen Ai Quoc. Asimismo, este último organiza conferencias y prepara una obra titulada *El proceso de la colonización francesa*, que se publica en 1925. La vigilancia organizada por la policía francesa se intensifica, y Nguyen Ai Quoc siente que ha llegado el momento de marcharse de Francia. Desea acercarse a su país natal y embarcarse en proyectos más ambiciosos. En junio de 1923, se escapa de sus observadores y viaja en tren hacia Berlín, desde donde continúa su camino hacia Rusia.

DE MOSCÚ A HONG KONG

En Moscú, Nguyen Ai Quoc se integra en los trabajos de la Komintern, que tiene una sección dedicada a la cuestión colonial. La formación política de los ciudadanos procedentes de los países colonizados se refuerza, en particular mediante la educación impartida en la Universidad Comunista de los Trabajadores de Oriente, en Moscú. De 1923 a 1925, Nguyen Ai Quoc se familiariza con los motivos ideológicos y políticos del comunismo, y confirma su adopción del marxismo-leninismo.

A principios de 1925, se marcha a Cantón, en el sur de China. Forma parte de una delegación enviada por la Komintern ante el Gobierno de Sun Yat-sen (estadista chino, 1866-1925), el fundador del Kuomintang, un partido nacionalista chino que entonces mantiene buenas relaciones con Moscú y el Partido Comunista Chino. Este revolucionario y nacionalista chino lucha para conseguir la unificación de China, desgarrada por un conflicto que les enfrenta a unos beligerantes que los historiadores han llamado «señores de la guerra».

En Cantón, Nguyen Ai Quoc, al que entonces se conoce como Ly Thuy, se muestra muy activo. Allí, vuelve a encontrarse con Phan Boi Chau que, con el objetivo de escapar a las veleidades del Gobierno francés de Indochina, se había refugiado en el lugar en 1909 tras haber sido declarado *persona non grata* en Japón, donde estaba exiliado desde 1905. Las ideas insurgentes del intelectual vietnamita ahora están en consonancia con las del joven enviado de la Komintern. En la misma ciudad, Phan Boi Chau crea un partido nacionalista, la Viet Nam Quang Phuc Hoi (Liga por la Restauración del Vietnam), y se une a diversos activistas. A través de ellos, Nguyen Ai Quoc contacta con los miembros del grupo Tam Tam Xa («Sociedad de los corazones palpitantes») compuesto por jóvenes que preparan atentados contra figuras coloniales en Indochina. Partiendo de esta red de la que se adueña, crea el Thanh Nien Cach Mang Dong Chi Hoy

(«Asociación de la juventud revolucionaria del Vietnam»), que más a menudo se conoce con el nombre de Thanh Nien. La organización publica un periódico epónimo en el que Nguyen Ai Quoc expone sus pensamientos. Recluta a jóvenes entusiastas, alquila locales que transforma en escuelas, y lleva a cabo formaciones destinadas a tres clases sucesivas de una cincuentena de alumnos cada una. Una vez formados, los militantes son invitados a ir a Vietnam para poner en marcha células revolucionarias.

Nguyen Ai Quoc se casa en octubre de 1926 en Cantón, con Tang Tuyet Minh (1905-1991), una comadrona china originaria de una familia católica. La felicidad es efímera. La muerte de Sun Yat-sen en 1925 hace que se rompa el consenso en el Kuomintang en lo que se refiere a la alianza con los comunistas. El nuevo líder del partido, Chiang Kai-shek (1887-1975), se opone a sus antiguos aliados, y se producen intensos combates. Los comunistas ahora están amenazados en Cantón.

En 1927, Nguyen Ai Quoc vuelve a Moscú, donde permanece durante dos años, durante los cuales lleva a cabo misiones para la Komintern, principalmente en Europa. En 1929, el Thanh Nien, que ahora trabaja sin la intervención directa de su instigador, cuenta con más de 1000 miembros. En 1929, Nguyen Ai Quoc se instala en Hong Kong, donde hace de intermediario entre la Komintern y las organizaciones clandestinas del Sudeste Asiático. Entonces observa que el Thanh Nien está sometido a profundas tensiones, debido a la radicalización de algunos de sus miembros comunistas, que cuestionan la base nacionalista de la organización.

Nguyen Ai Quoc decide actuar: se pone en contacto con los tres bandos que se oponen a sus objetivos y los insta, en calidad de representante de la Kominform, a reunirse en Hong Kong en febrero de 1930. En motivo de esta ocasión, nace el Partido Comunista de Vietnam: su programa se define siguiendo la doble óptica de liberación del yugo colonial y de búsqueda de la victoria obrera. Esta creación es principalmente simbólica, y sirve para construir un fuerte vínculo ideológico entre las entidades políticas presentes.

Las tensiones que surgen en el seno del Thanh Nien ilustran la complejidad del pensamiento de Nguyen Ai Quoc. Aunque el hecho de vincular la lucha contra la dominación colonial con la lucha de clases no es inédito, los altos funcionarios instalados en Moscú desconfían, ya que estiman que el combate del proletariado contra la burguesía tiene que ser el principal objetivo del comunismo internacional, y asimilan el nacionalismo a una actitud de derechas. En un discurso pronunciado en la Universidad Comunista de los Trabajadores de Oriente el 18 de mayo de 1925, Stalin explica muy claramente esta orientación política. Los acontecimientos en China contribuyen al rechazo del nacionalismo por parte de la URSS, mientras que esta desarrolla una política nacional extremadamente fuerte. No obstante, esto no logra cambiar la opinión de Nguyen Ai Quoc; para él, liberación nacional y revolución comunista no son incompatibles.

En Hong Kong, ahora lo buscan los franceses. En junio de 1931, la policía británica lo detiene y lo encarcela. Permanece en la cárcel durante dos años, a la espera de una decisión de las autoridades. Mientras los británicos se preparan para entregarlo a los franceses —algo que habría puesto fin a su carrera o incluso podría haber hecho que lo ejecutaran—, es liberado en 1933. A continuación, deja Hong Kong rápidamente y se dirige hacia Moscú, donde se exilia. Aprovecha este tiempo para difundir el rumor de su muerte en Francia y China.

DE LOS PASILLOS DEL KREMLIN AL MAQUIS VIETNAMITA

A pesar de que Nguyen Ai Quoc sigue siendo un líder del partido, no se le confía ninguna misión significativa durante los cinco siguientes años. Sus posturas nacionalistas siguen suscitando la desconfianza de los altos funcionarios de Moscú, que lo distancian del Partido Comunista de Vietnam que se estaliniza gradualmente. Si bien en un principio el partido es puramente informal, finalmente logra conseguir la aprobación de la Komintern —para ello, tiene que adoptar un nombre que transmita menos su pensamiento nacionalista—. Por eso, se le cambia el nombre a Partido Comunista Indochino (PCI).

En esta época, el Partido Comunista Soviético es el escenario de una violenta oposición entre Stalin y León Trotski (1879-1940), un revolucionario y teórico cercano a Lenin antes de su muerte. Stalin finalmente obliga a su enemigo a exiliarse en 1929. Trotski, sin embargo, no ha dicho su última palabra y, nueve años después, forma una Cuarta Internacional en Francia. Para hacer desaparecer todo rastro de su oponente, Stalin llega incluso a retocar las fotografías oficiales en las que Trotski posa a su lado para aparecer solo. A partir de 1936, argumentando un complot contra las repúblicas soviéticas, inaugura aquello a lo que los historiadores llaman las «grandes purgas», y manda deportar o asesinar a cientos de miles de opositores a su régimen —demostrados o sospechosos de serlo—, así como a eventuales trotskistas, ahora demonizados. En 1940, incluso ordena a los servicios secretos rusos que asesinen a Trotski, entonces refugiado en México. A Nguyen Ai Quoc estas medidas no le causan preocupación: sus escritos muestran su antitrotskismo y su compromiso con la ortodoxia estaliniana.

En 1938, finalmente obtiene lo que espera con impaciencia desde su llegada a Moscú: la autorización oficial de volver a marcharse a Asia, como delegado de la Komintern. Nguyen Ai Quoc está impaciente por intervenir directamente en el terreno. Se marcha a China, y llega a Yan'an (centro de China), entonces capital del régimen comunista de Mao Zedong (1893-1976). A continuación, viaja a Lanzhou (norte de China), donde se convierte en guardia en las fronteras.

Cuando se declara la Segunda Guerra Mundial, se entera de que las tropas chinas planean entrar en Indochina, donde Francia lucha a duras penas contra la invasión japonesa. Para Nguyen Ai Quoc, es la oportunidad perfecta para volver a su país. Se dirige a la ciudad de Liuzhou (sur de China), donde se preparan los soldados chinos. Entre ellos, recluta a una cuarentena de vietnamitas que desertan de su unidad. Rodeado por este reducido grupo, continúa su camino hacia Indochina. Se da cuenta de que sus compañeros no tienen experiencia, por lo que decide formarlos. Para ello, el grupo se dirige cerca de la frontera sur de China, donde se encuentran dos pueblos. Nguyen Ai Quoc, que quiere preparar a los jóvenes militantes para la vida en el maquis, les anima a ganarse el favor de la población por medio de una actitud servicial y respetuosa, y les prohíbe cometer cualquier injusticia contra los aldeanos. En enero de 1941, una vez se ha completado su formación, la tropa se vuelve a poner en marcha. A finales de mes, Nguyen Ai Quoc regresa a Vietnam, país del que se había ido 30 años atrás.

Los guerrilleros se establecen cerca del pueblo de Pac Bo, en la provincia de Cao Bang, donde la influencia del Partido Comunista Indochino es fuerte. Debido a la inestabilidad causada por la guerra, varios distritos del país han salido de la esfera de influencia colonial y ahora son gestionados —mejor o peor— por comunistas y nacionalistas. Nguyen Ai Quoc y su comitiva se instalan en una cueva cercana a Coc Bo, no muy lejos de la frontera con China, que se encuentra al pie de una montaña y cerca de un río que Nguyen Ai Quoc bautiza respectivamente con los nombres de Karl Marx y Lenin. Desde este refugio, donde la vida es dura, busca ganarse la simpatía de los habitantes del entorno, y escribe mucho. El centro de sus preocupaciones es la perspectiva de una independencia cercana, en un contexto en el que la dominación francesa está debilitada por la presencia japonesa, que cree que será temporal.

EL TÍO HO: DEL REVOLUCIONARIO AL PADRE DE LA NACIÓN

En enero de 1941, Nguyen Ai Quoc convoca a los altos mandatarios del PCI, que se reúnen en Pac Bo. Entre ellos, destaca la presencia de Vo Nguyen Giap (general vietnamita, 1911-2013), marxista convencido y vivamente opuesto al régimen colonial francés, responsable de la muerte de su esposa y de su cuñada. Nguyen Ai Quoc le encarga que supervise la resistencia contra las tropas japonesas.

El programa del partido se reafirma y sugiere más claramente que la futura revolución vietnamita es una revolución de liberación nacional, que —sin embargo— se inscribe plenamente en la ideología revolucionaria mundial comunista apoyada por la Komintern. Los dirigentes del partido establecen que su futuro es indisociable del de la Revolución china dirigida por Mao Zedong, y de las decisiones del Kremlin. Puesto que Vietnam es un país cuya población es mayoritariamente rural, al igual que el Partido Comunista Chino, el PCI establece que la revolución no es un fenómeno urbano que únicamente afecta a los trabajadores de la industria, sino que también y sobre todo es una manifestación rural. Se anuncia la colectivización de las tierras. Por último, para favorecer el proceso de revolución y de liberación del país, Nguyen Ai Quoc propone la creación de un órgano del Partido Comunista, el Viet-Nam Doc Lap Dong Minh Hoi, el «frente revolucionario para la independencia de Vietnam» más conocido por su nombre abreviado, Vietminh. Entonces, Nguyen Ai Quoc cambia su nombre a Ho Chi Minh, que puede traducirse como «el que ilumina».

Ho Chi Minh escribe muchos documentos que consolidan las decisiones del partido. Cabe destacar que escribe un llamamiento a la población en el que anuncia que la colonización francesa llega a su fin. Además, escribe un documento titulado *Las 10 políticas del Vietminh*, en el que expone su visión política e incluye fábulas, poemas y canciones que parodian a los militares franceses. De forma paralela, los trotskistas afiliados al partido son destituidos o aniquilados. Ho Chi Minh y otros responsables del partido se aseguran de la conservación del estalinismo de la organización. Sin embargo, el PCI logra obtener una cierta autonomía —algo que Ho Chi Minh anhelaba—, gracias a la disolución en 1943 de la Komintern, que pronto es reemplazada en algunas de sus misiones por la Kominform.

La presencia de los Estados Unidos en el Pacífico, sobre todo en las Filipinas —bajo tutela estadounidense desde 1898—, hace reflexionar a Ho Chi Minh, que intuye la importancia de una relación diplomática con este actor político cada vez más prominente. En agosto de 1942, viaja a Chongqing, donde se encuentra el Estado Mayor del ejército de los Estados Unidos en China. No obstante, los salvoconductos que utiliza no son válidos y, tras ser controlado por la policía, es detenido y encarcelado. Hasta septiembre de 1943, es trasladado de una cárcel a otra y pasa por 18 prisiones distintas, según sus propios cálculos.

Finalmente es puesto en libertad, gracias a la intervención de un amigo, y vuelve a la región de Cao Bang, donde los militantes del PCI ahora están bien establecidos y tienen bases, para gran disgusto de las fuerzas francesas, que tratan de detener el auge de la resistencia. Cuando regresa, a Ho Chi Minh lo acompañan veinte compañeros, entre ellos una joven que se convierte en su pareja. Recupera una posición importante en el PCI, y de nuevo es observado por los franceses, que lo reconocen como el antiguo Nguyen Ai Quoc.

¿QUÉ LE OCURRE A TANG TUYET MINH, LA PRIMERA MUJER DE HO CHI MINH?

A pesar de que Ho Chi Minh no ha visto a su mujer desde 1927, intenta encontrarla mediante el consulado de Vietnam en Cantón, en vano. Sin embargo, la mujer permanece en la región y ha intentado contactar a su marido en varias ocasiones. Con todo, por una razón oscura, el régimen considera que no es oportuno que los amantes se reencuentren. Así pues, el Partido Comunista Chino atiende a las necesidades de Tang Tuyet Minh y le ordena que deje de intentar encontrarse con su marido.

El avance de los comunistas, propiciado por la presencia japonesa, es innegable. En efecto, los japoneses dejan un cierto margen de maniobra al Gobierno colonial, aunque no favorecen su dominación. En 1945, el Tonkín está en plena ebullición: se distribuyen folletos, estallan disputas y las esferas de influencia cambian. El mismo año, Ho Chi Minh contacta con las fuerzas estadounidenses, que aceptan cooperar con el Vietminh, encargado de debilitar la ocupación japonesa desde el interior, y que proporcionan armas al partido.

A mediados de agosto, la noticia de una capitulación japonesa inminente precipita los acontecimientos. Las fuerzas del Vietminh se movilizan rápidamente. Las tropas de liberación bajo el mando de Vo Nguyen Giap atacan Hanói y, el 16 de agosto, toman el control de la ciudad sin encontrar una verdadera resistencia. Mientras tanto, en todo el país, algunos comités del Vietminh toman las ciudades importantes. El 25 de agosto, los comunistas de Ho Chi Minh se aseguran el control total del poder, a expensas de los nacionalistas, de los trotskistas y de los miembros de otras formaciones que han participado, unidos, en la emancipación del país. El 2 de septiembre de 1945, Ho Chi Minh declara la independencia de la República Democrática de Vietnam, en la gran plaza de Hanói donde se encuentra el palacio del gobernador general de Indochina, repleta de una multitud entusiasmada.

EL PRECIO DE LA INDEPENDENCIA

Sin embargo, la situación está lejos de ser estable. El Vietminh, confrontado con las resistencias de otros movimientos nacionalistas, a finales de 1945 realmente solo controla el norte y el centro del país. Además, Francia deja clara su intención de recuperar el control de su antigua colonia. Para el Gobierno provisional de Charles de Gaulle (1890-1970), Indochina sigue siendo una propiedad exclusivamente francesa, pero esto no impide que Ho Chi Minh intente salirse con la suya a través de la vía diplomática. Sin embargo, este intento fracasa y, a pesar de las repetidas tentativas por parte del jefe del nuevo Estado vietnamita, el conflicto se avecina. Ho Chi Minh multiplica las cartas, se traslada a Francia, intenta apoyarse en el intermediario estadounidense. Pero todo es en vano, ya que Francia promueve la creación de un Estado vietnamita rival en la Conchinchina. En 1946, estalla la primera guerra de

Indochina. En el lado vietnamita, los soldados tienen una guía, un modelo: el hombre al que ahora llaman Bac Ho, es decir, «tío Ho». Este último tiene entonces una imagen bien construida de padre de la nación, que cuida con sus discursos y sus textos que animan a la unidad y definen un programa patriótico concreto.

Foto que representa a comandos de la Marina francesa que alcanzan las costas de Annam en 1950.

El conflicto causa estragos hasta 1954. Francia recibe ayuda material de los Estados Unidos, mientras que China proporciona su ayuda a los soldados del Vietminh. La posición de los Estados Unidos frente al régimen vietnamita ha cambiado: el auge del comunismo a nivel mundial preocupa a Washington, y la alianza consolidada con Ho Chi Minh, dictada por las circunstancias durante el periodo de ocupación japonesa, ha quedado obsoleta. Tras algunos años de combates, la guerra termina con una victoria parcial para el Vietminh. Los soldados franceses, dirigidos por el general Jean de Lattre de Tassigny (mariscal de Francia, 1889-1952) se enfrentan con el ejército de la República Democrática de Vietnam, dirigido por Vo Nguyen Giap. Este inflige una seria derrota a las tropas francesas en Dien Bien Phu en mayo de 1954. Poco después, los Acuerdos de Ginebra marcan el fin del enfrentamiento y definen las nuevas fronteras de los países. Sin embargo, las condiciones impuestas no satisfacen a los altos funcionarios del Vietminh, en particular a Ho Chi Minh, que sueña con un Vietnam independiente unificado, mientras que los acuerdos imponen una división que el líder vietnamita tiene que aceptar a la fuerza. El sur se convierte en la República de Vietnam (RV), y Ngo Dinh Diem pasa a ser su presidente. No obstante, para 1956 el texto contempla una reunificación del país, acompañada de elecciones, algo que el nuevo presidente del sur rechaza. Así, persiste una gran tensión entre ambos jefes de Estado.

Foto que muestra a tropas del Vietminh alegrándose de su victoria.

LAS TENSIONES NO DEJAN DE AUMENTAR

En el Norte, Ho Chi Minh instaura una dictadura comunista. La unión nacional y el marxismo-leninismo reclaman, según él, el establecimiento de un régimen autoritario. Por consiguiente, los oponentes del régimen son amordazados, y la república se dota de un solo partido, que recupera el nombre de Partido Comunista de Vietnam, el Dang Cong San Viet Nam. Además, decreta la colectivización de las tierras. La operación genera detenciones, expoliaciones y la exclusión de la sociedad de miles de personas consideradas enemigas del pueblo. Un año más tarde, Ho Chi Minh admite abiertamente el acontecimiento de estos abusos, y se compromete a organizar la rehabilitación de las víctimas. Con todo, el mal ya está hecho.

En el Sur, el Gobierno de Ngo Dinh Diem, que es un católico ferviente, se caracteriza por la corrupción y por múltiples ilegalidades. Una panda de políticos se hace con el poder, y la libertad de expresión sigue estando comprometida.

Las relaciones entre el Norte y el Sur cada vez se deterioran más, y la tensión va en aumento. En 1956, fecha prevista para la reunificación, las dos repúblicas están enemistadas. Los intentos cada vez más apremiantes del Gobierno de Ngo Dinh Diem —asesorado por los Estados Unidos— para infiltrarse en todas las zonas de poder conducen a una oposición en contra de la izquierda comunista y desencadenan las primeras batallas en la frontera con Vietnam del Sur, preludio de un largo y doloroso conflicto.

En 1958, en el Sur, se forma un grupo clandestino de activistas, el Mat-Tran Dan-Toc Giai-Phong Mien-Nam Viet-Nam, o Frente Nacional de Liberación de Vietnam del Sur (FNL), cuyos miembros son apodados peyorativamente Viet Cong. Preparan una insurrección armada contra el Estado, y su propósito es promover la adhesión al régimen de Ho Chi Minh. El régimen sudista, sin embargo, cuenta con la ayuda de los Estados Unidos que, en plena Guerra Fría, quieren llevar a cabo una lucha global contra el comunismo. En febrero de 1965, los estadounidenses bombardean el territorio de la República Democrática de Vietnam, marcando el comienzo de la segunda guerra de Indochina, también llamada la guerra de Vietnam.

REPERCUSIONES

UN PAÍS ASOLADO POR LA GUERRA

En 1972, tras varios años de guerra, el Gobierno de los Estados Unidos constata que la presencia estadounidense en Vietnam se ha vuelto insostenible. Las pérdidas son muy significativas, los progresos son escasos, y la opinión pública estadounidense, escandalizada por las imágenes de las atrocidades cometidas durante el conflicto, se muestra favorable a una retirada de las tropas. Finalmente, la retirada se ordena el mismo año y acaba en 1973.

Solo contra el Norte, Vietnam del Sur tiene muy pocas posibilidades de obtener la victoria. En abril de 1975, tras casi diez años de violencia —durante los que los Estados Unidos utilizan por sí solos en Vietnam del Norte el doble de bombas que los Aliados lanzaron durante la Segunda Guerra Mundial—, la toma de Saigón marca el fin de las hostilidades. El uso de armas químicas y de explosivos deja un país asolado y contaminado en diversos puntos. La nación que el Partido Comunista de Vietnam reunifica en 1976 está hecha pedazos. Las aspiraciones de Ho Chi Minh han acabado cumpliéndose, pero a cambio de un alto precio.

UN HOMBRE CONVERTIDO EN SÍMBOLO DE LA NACIÓN

Mientras que su país —con cuya unificación tanto ha soñado— está desgarrado por la violencia, Ho Chi Minh muere el 2 de septiembre de 1969, día de fiesta nacional. Con el fin de no empañar este día de celebración patriótica, su muerte no se hace pública hasta el día siguiente. La oficina política manipula su testamento, incorporando fragmentos de versiones anteriores y eliminando un pasaje que, sin embargo, es clave:

> «Después de mi muerte hay que evitar organizar grandes funerales para no derrochar el tiempo y el dinero del pueblo [...] enterraréis mis cenizas en una colina [...] encima de la tumba, hay que construir una casa bien simple, vasta, sólida y ventilada, que será un lugar de reposo para los visitantes [...]. Cada visitante plantará un árbol a modo de recuerdo. Habrá que cuidar de cada árbol para que crezca bien. Con el tiempo, los árboles formarán un bosque»[1] (Chi Minh 1989).

El extracto fue eliminado del documento antes de su publicación, y Ho Chi Minh fue embalsamado, al igual que Lenin, y expuesto en un mausoleo colosal en Hanói. El tío Ho ahora pertenece plenamente a la memoria comunista nacional. Su aura póstuma sirve para la construcción del poder que se instala en Vietnam. Tras su liberación en 1975, la ciudad de Saigón es rebautizada ciudad de Ho Chi Minh en su honor.

---

1. Cita traducida por 50Minutos.es

Foto del mausoleo de Ho Chi Minh.

LA HERENCIA DE HO CHI MINH

La herencia de Ho Chi Minh no reside tanto en sus ideas como en lo que representa para la construcción nacional vietnamita. El Partido Comunista de Vietnam exalta el pensamiento de Ho Chi Minh y lo convierte en estandarte de su política. Así, en el preámbulo de la Constitución vietnamita de 1992, podemos leer: «A la luz del marxismo-leninismo y el pensamiento de Ho Chi Minh [...] el pueblo vietnamita se comprometen [*sic*] a unir a millones de personas como uno, mantener el espíritu de la autosuficiencia en la construcción del país [...]» (Migliorisi Abogados). Aunque en Vietnam se establece un sistema político autoritario con un partido único, sus prácticas económicas acercan más al país al neoliberalismo y a la economía de mercado mundial que al socialismo tal como lo defendía Ho Chi Minh.

UN PERSONAJE MUY COMPLEJO

Al igual que para todos los grandes teóricos comunistas del siglo XX, la personalidad de Ho Chi Minh también está rodeada de muchas controversias. En efecto, los historiadores no pueden realmente alardear de su opinión sobre los estragos de la colectivización o de la orientación asesina de Stalin o de Mao Zedong, y la complejidad del personaje, así como su habilidad política discreta, incitan a ir con mucha cautela. Sus textos moderados, su respeto demostrado hacia las prácticas religiosas tradicionales y su insistencia en el buen trato que hay que proporcionar a la población le convierten en un personaje complejo. Sin embargo, a pesar de las manifestaciones de un carácter humanista que nos llegan a través de los testimonios, no podemos simplemente ignorar su profunda convicción en la validez política de un régimen autoritario. De hecho, es cierto que, aunque no emitió una opinión fija sobre el tema, era plenamente consciente de los abusos cometidos por los regímenes comunistas y, por lo tanto, de alguna manera los aceptó.

EN RESUMEN

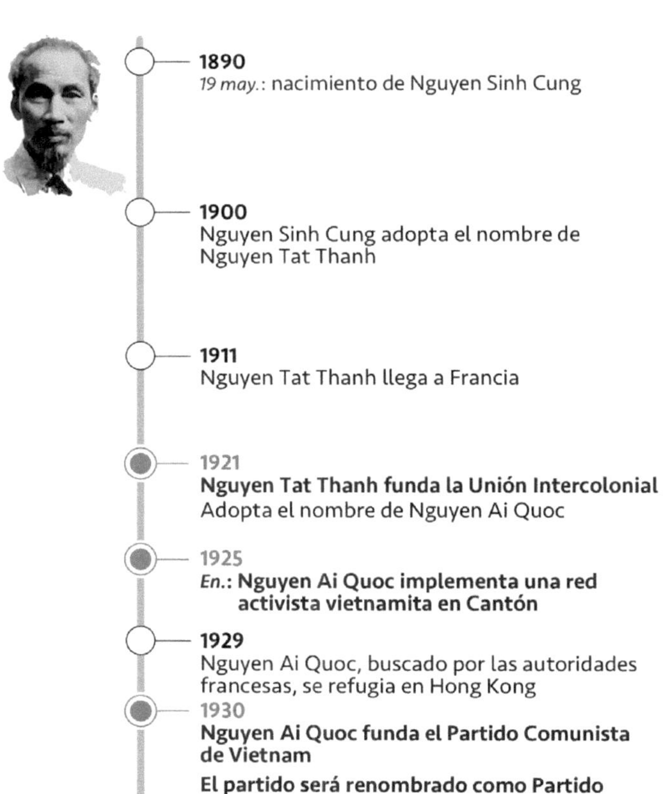

1890
19 may.: nacimiento de Nguyen Sinh Cung

1900
Nguyen Sinh Cung adopta el nombre de
Nguyen Tat Thanh

1911
Nguyen Tat Thanh llega a Francia

1921
Nguyen Tat Thanh funda la Unión Intercolonial
Adopta el nombre de Nguyen Ai Quoc

1925
En.: **Nguyen Ai Quoc implementa una red
activista vietnamita en Cantón**

1929
Nguyen Ai Quoc, buscado por las autoridades
francesas, se refugia en Hong Kong

1930
**Nguyen Ai Quoc funda el Partido Comunista
de Vietnam**

**El partido será renombrado como Partido
Comunista Indochino**

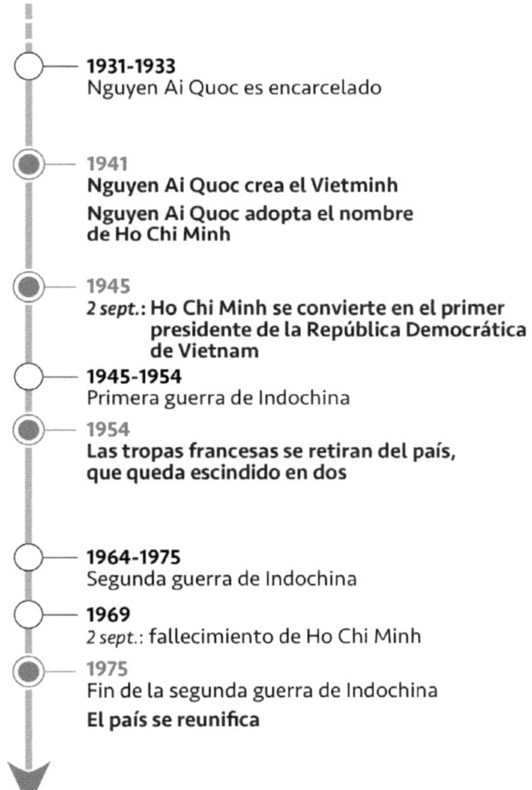

- Nacido de padre mandarín en el Vietnam bajo dominación francesa, el joven Nguyen Tat Thanh reflexiona sobre la situación política en su país. Sus contactos con intelectuales nacionalistas alimentan sus pensamientos, e inicialmente se orienta hacia la vía de la reforma.

- Vive en París en 1919, y forma una red de reflexión sobre la cuestión colonial. Participa en la redacción de un periódico, *Le Paria*, dedicado a las reivindicaciones de los pueblos colonizados. Entonces, adopta el nombre de Nguyen Ai Quoc.
- En 1923, deja Francia para dirigirse a Moscú. Convertido a las tesis marxistas-leninistas, trabaja allí para la Tercera Internacional, donde recibe su primera formación política.
- En 1925, en una misión para la Komintern en Cantón, Nguyen Ai Quoc crea una escuela que dirige y en la que forma a jóvenes revolucionarios vietnamitas para que organicen células activas en su país.
- De 1933 a 1938 trabaja en Moscú, donde la Komintern lo aparta de las decisiones importantes. Se libra sin problemas de las primeras grandes purgas estalinistas y luego regresa a China, desde donde vuelve a Indochina en 1941.
- Instalado en Pac Bo, en el norte del país, experimenta la dureza de la vida en el maquis. Nguyen Ai Quoc vive en una cueva y escribe mucho. La influencia de los comunistas en Vietnam está creciendo, ya que la dominación francesa es sacudida por la intervención japonesa durante la Segunda Guerra Mundial.
- Mientras que Nguyen Ai Quoc intenta contactar con las fuerzas estadounidenses en China, es encarcelado y trasladado de prisión en prisión durante dos años. Una vez liberado, se dirige al ejército estadounidense, que colabora con él en el marco de la resistencia contra los japoneses.
- En agosto de 1945, mientras que Japón se desmorona, el Vietminh toma el poder en Vietnam. El 2 de septiembre,

Ho Chi Minh proclama la independencia de Vietnam en Hanói, ante un público entusiasta.

- La alegría dura poco: el Vietminh al final solo tiene el control de la mitad del país, y Francia quiere recuperar su poder sobre su antigua colonia. De 1945 a 1954, la primera guerra de Indochina sacude el país. Los Acuerdos de Ginebra ponen fin al conflicto, dando una victoria comunista que no acaba de parecer completa: el país está dividido en dos, y en Vietnam del Sur surge un régimen opositor.
- Las tensiones aumentan y en el Sur se forma el Frente de Liberación Nacional, con el fin de dotarse de una guerrilla comunista. Se declara la guerra entre el Sur, que recibe el apoyo de los estadounidenses, y el Norte, apoyado por la URSS y China. Se trata de la segunda guerra de Indochina, también llamada guerra de Vietnam. Mientras se desencadena la violencia, Ho Chi Minh muere en 1969. Al contrario de lo que pide en su testamento, su cuerpo es expuesto en un fastuoso mausoleo en Hanói.
- Desde entonces, se establece un verdadero culto dedicado al hombre cuya imagen fue adoptada por el comunismo nacional.

PARA IR MÁS ALLÁ

FUENTES BIBLIOGRÁFICAS

- Brocheux, Pierre. 2003. *Hô Chi Minh. Du révolutionnaire à l'icône*. París: Payot.
- Chi Minh, Ho. 1989. *Testamento*. Hanói: Central Committee of the Communist Party of Vietnam.
- Duiker, William J. 2001. *Hô Chi Minh. A Life*. Nueva York: Hyperion.
- Hémery, Daniel. 1990. *Hô Chi Minh, l'homme et son héritage*. París: Éditions Duong Moi/La Voie nouvelle.
- Hémery, Daniel. 1999. *Hô Chi Minh. De l'Indochine au Vietnam*. París: Gallimard.

FUENTES COMPLEMENTARIAS

- Bui, Tin. 1999. *1945-1999. Vietnam, la face cachée du régime*. París: Kergour.
- Migliorisi Abogados, "Constitución Nacional de Vietnam – español". Consultado el 2 de junio de 2017. http://www.migliorisiabogados.com/vietnam/
- Ruscio, Alain. 2000. *Hô Chi Minh. Textes 1914-1969*. París: L'Harmattan.
- Trang-Gapsard, Thu. 1992. *Hô Chi Minh à Paris. 1917-1923*. París: L'Harmattan.

FUENTES ICONOGRÁFICAS

- Foto que representa a comandos de la Marina francesa que alcanzan las costas de Annam en 1950. La imagen

reproducida está libre de derechos.
- Foto que muestra a tropas del Vietminh alegrándose de su victoria. La imagen reproducida está libre de derechos.
- Foto del mausoleo de Ho Chi Minh. La imagen reproducida está libre de derechos.

DOCUMENTALES

- *Un certain regard. Ho Chi Minh: esquisse d'un portrait politique.* Dirigido por Gérard Guillaume. Francia: 1973.
- *Histoire de comprendre n° 79: Ho Chi Minh.* Dirigido por Alexandre Adler. Francia: 2001.

PRINCIPALES EDIFICIOS CONMEMORATIVOS

- El mausoleo de Ho Chi Minh, en la plaza Ba Dinh de Hanói, Vietnam.
- El museo Ho Chi Minh en Hanói, en la plaza Ba Dinh de Hanói, Vietnam.
- La gran estatua de Ho Chi Minh erigida en la plaza del edificio del Comité Popular en la ciudad de Ho Chi Minh.

www.en50Minutos.es

ISBN ebook: 9782806298928

ISBN papel: 9782806298935

Depósito legal: D/2017/12603/356

Cubierta: © Primento

Libro realizado por <u>Primento</u>*, el socio digital de los editores*